Novo A
Brasília

Curso básico de Português para estrangeiros
Manual do Professor

De:

Emma Eberlein O. F. Lima

Cristián González Bergweiler

E.P.U. EDITORA PEDAGÓGICA
E UNIVERSITÁRIA LTDA.

Sobre os autores:

Emma Eberlein O. F. Lima, Mestre em Letras pela Universidade de São Paulo. Professora de Português para estrangeiros em São Paulo. Diretora de cursos da Polyglot. Autora de muitos livros didáticos de Português para estrangeiros.

Cristián Gonzalez Bergweiler, professor de Português e Alemão para estrangeiros.

Projeto: Departamento de Arte E.P.U.

Desenhos e capa: Pergaminno Design

Dados internacionais de Catalogação na Publicação (CIP)
(Câmara Brasileira do Livro, SP, Brasil)

Novo Avenida Brasil: curso básico para estrangeiros : manual do professor / Emma Eberlein O. F. Lima ... (et al.). - São Paulo: E.P.U. 2009.

Outros autores: Cristián González Bergweiler

Bibliografia
ISBN 978-85-12-54521-9

1. Português - Brasil 2. Português - Estudo e ensino - Estudantes estrangeiros 3. Português -Livros-texto para estrangeiros I. Lima, Emma Eberlein O. F. II. Rohrmann, Lutz. III. Ishihara, Tokiko. IV. Iunes, Samara Abirad. V. González Bergweiler, Cristián.

09-00537   CDD-469.824

Índice para catálogo sistemático:
1. Português : Livros-texto para estrangeiros   469.824
2. Português para estrangeiros   469.824

ISBN 978-85-12-54521-9

E.P.U. - Rua Joaquim Floriano, 72 - 6ª andar - conjunto 65/68
CEP 04534-000 - São Paulo - SP - Brasil Tel. (11) 3168 6077 Fax.: (11) 3078 5803
site: http://www.epu.com.br - *E-mail*: vendas@epu.com.br

Apresentação da obra

O **Novo Avenida Brasil** destina-se a estrangeiros de qualquer nacionalidade, adolescentes e adultos que queiram aprender Português para poderem comunicar-se com os brasileiros e participar de sua vida cotidiana.

O método utilizado é essencialmente comunicativo, mas, em determinado passo da lição, as aquisições gramaticais são organizadas e explicitadas.

Optamos por um método, digamos, comunicativo-estrutural. Assim, levamos o aluno, mediante atividades ligadas a suas experiências pessoais, a envolver-se e a participar diretamente do processo de aprendizagem, enquanto lhe asseguramos a compreensão e o domínio, tão necessários ao aluno adulto, da estrutura da língua.

Sem dúvida, o objetivo maior do **Novo Avenida Brasil**, agora em três volumes, é levar o aluno a compreender e falar. Entretanto, por meio da seção Exercícios (segunda parte de cada um dos 3 volumes), sua competência escrita também é desenvolvida.

A presente edição é uma versão revista do método Avenida Brasil — Curso básico de Português para estrangeiros.

As grandes modificações que o mundo viveu ao longo dos anos desde a primeira publicação de Avenida Brasil, bem como as alterações que o cenário dos estudos linguísticos sofreu, obrigaram-nos a repensar e a reorganizar a obra. A grande modificação é a nova distribuição do material, levando o aluno do patamar inicial de conhecimento ao final do nível intermediário.

Para colocar nosso material mais próximo das diretrizes do Quadro Europeu comum de Referência (*Common European Framework of Reference for Languages*), decidimos reparti-lo em 3 níveis, correspondentes a A1 (Volume 1), A2 (Volume 2) e B1+ (Volume 3).

Para facilitar a utilização do método, resolvemos, além disso, integrar o antigo Livro de Exercícios ao livro-texto. Assim, a primeira parte de cada um dos três livros deve ser trabalhada em aula. Na segunda parte do volume, o aluno terá exercícios numerosos e muito variados, correspondentes, cada um deles, a cada uma das lições da primeira parte.

Outra alteração introduzida no método foi a racionalização da sequência verbal de modo a suavizar a passagem do Modo Indicativo para o Modo Subjuntivo. Com essa mesma intenção, também as atividades e os exercícios relativos a esses itens sofreram modificações.

O **Novo Avenida Brasil** não se concentra apenas no ensino de intenções de fala e de estruturas. Ele vai muito além. Informações e considerações sobre o Brasil, sua gente e seus costumes permeiam todo o material, estimulando a reflexão intercultural.

Desse modo, ao mesmo tempo em que adquire instrumentos para a comunicação, em português, o aluno encontra, também, elementos que lhe permitem conhecer e compreender o Brasil e os brasileiros.

Os autores

Conteúdo

Símbolos utilizados em **Novo Avenida Brasil**

Texto gravado

Escreva no caderno

Exercício de leitura

Escreva sobre você mesmo

MANUAL DO PROFESSOR

Introdução

O **Novo Avenida Brasil** destina-se a principiantes adolescentes e adultos de qualquer nacionalidade, que queiram aprender o Português como é falado no Brasil. Pode ser usado com grupos ou em aulas individuais.

O **Novo Avenida Brasil** compõe-se de:

- três livros, que cobrem todo o conteúdo básico (estágios inicial e intermediário), levando ao final do nível intermediário o aluno totalmente principiante. Esses três livros, em sua primeira parte, apresentam e desenvolvem temas comunicativos por meio de diálogos, exercícios, textos para audição ou leitura, e atividades para ampliação de vocabulário. Em sua segunda parte – Exercícios –, cada um dos livros apresenta atividades variadas e interessantes para a aplicação e fixação do conteúdo estudado na primeira parte. A Fonética é, também, cuidadosamente tratada nos três livros;

- um conjunto de CDs com gravações de todos os diálogos, e textos de audição e exercícios orais, além do conteúdo da fonética;

- glossários bilíngues (inglês, alemão, espanhol) com o vocabulário do livro-texto e informações culturais, quando necessárias para a compreensão e utilização de certas palavras.

- manual do professor, que, além de apresentar a concepção didática do **Novo Avenida Brasil**, oferece sugestões para

Concepção Didática

O **Novo Avenida Brasil** tem como meta capacitar os alunos a se comunicarem em nível básico em português (Português do Brasil). Desenvolve paralelamente, por meio de atividades comunicativas e de reflexão intercultural, a expressão e compreensão orais, a leitura e a expressão escrita.

O material apresentado em cada lição é ligado às atividades do dia-a-dia do adulto, mas não descuida do aspecto discursivo, fornecendo-lhe desde o início elementos de discussão e a possibilidade de expressar sua opinião.

A explicitação de regras gramaticais e a inclusão de exercícios estruturais permitem e estimulam a conscientização das estruturas da língua.

A concepção didática do **Novo Avenida Brasil** abre espaço para aspectos comunicativos, estruturais e interculturais, respeitando processos de aprendizado individuais.

Metas de aprendizado

O **Novo Avenida Brasil** desenvolve a expressão oral, o entendimento, a leitura e a escrita e permite a conscientização e automatização das estruturas da língua, além de estimular a discussão intercultural.

Com vocabulário de aproximadamente 5000 palavras e expressões, com a gramática fundamental e a ênfase em estratégias intencionais, permite atingir um nível básico de Português em aproximadamente 150 aulas de 40 minutos por volume.

Expressão Oral

O **Novo Avenida Brasil** desenvolve a expressão oral, estruturando a progressão nas partes A, B, C e E de cada lição.

Na primeira página de cada lição, apresenta aos alunos o tema e as principais estruturas gramaticais e intenções de fala a serem desenvolvidas na lição, a fim de familiarizá-los por meio de exercícios muito simples, com o conteúdo a ser desenvolvido.

No **bloco A**, são apresentados o vocabulário, os elementos básicos de comunicação e as estruturas.

No **bloco B**, as estruturas são conscientizadas e automatizadas.

No **bloco C**, os elementos de comunicação, o vocabulário e as estruturas são retomados e ampliados.

No **bloco E**, o vocabulário é trabalhado e ampliado.

Compreensão Oral e Escrita

A experiência mostra que os alunos desenvolvem mais rapidamente as habilidades passivas de entendimento. O **Novo Avenida Brasil** estimula este processo, oferecendo, nos **blocos D**, desde a primeira lição, textos escritos e falados que permitem aos alunos desenvolver rapidamente estratégias de compreensão. Com isto, torna-se possível, muito cedo, ter acesso à língua tal qual aparece nos jornais, livros, revistas etc.

A escrita

A escrita é desenvolvida em "Exercícios", segunda parte dos livros 1, 2 e 3. Basicamente, sua função é auxiliar o aprendizado; dá aos alunos a oportunidade de refletirem sobre o uso e conscientizarem a estrutura dos elementos linguísticos aprendidos na aula, produzindo frases ou textos com base em modelos préestabelecidos.

Os alunos habituam-se, com isto, a utilizar a língua em frases e pensamentos completos, evitando o uso constante de fragmentos de fala, tão frequentes em cursos voltados unicamente à produção oral.

Além disto, o **Novo Avenida Brasil** desenvolve a capacidade de redigir pequenas mensagens (*e-mails*, cartas pessoais, preenchimento de formulários etc.), fundamentais ao dia-a-dia do adulto.

Recursos de apoio ao aprendizado

CD

Os CDs servem como modelos foneticamente corretos e estáveis do Português falado no Brasil. As gravações foram feitas com falantes nativos, que utilizam ritmo e estilo de fala normais e naturais.

A gravação permite que os alunos se habituem ao som do Português do Brasil e às diferenças individuais existentes. Ela também torna possível ouvir o som ou o trecho várias vezes, sem as distorções introduzidas pela tentativa do professor em tornar mais claro o problema fonético.

Por este motivo, o uso do material gravado é recomendado sempre que aparecer o símbolo 👂 no livro texto ou em exercícios.

faixa

Glossário

Os glossários bilíngues organizam o vocabulário por lições e, dentro da lição, por blocos. As palavras e expressões aparecem na ordem em que surgem nos blocos. Isto permite ao aluno controlar a progressão de seu vocabulário e organizar seu estudo em casa.

Os glossários não substituem um dicionário, mas servem como ajuda na organização e na memorização do vocabulário.

Dicionário

O uso do dicionário é estimulado em vários momentos, tanto na aula como no trabalho em casa. Isto permite ao aluno adquirir rapidamente autonomia no trabalho com texto, treinar o seu uso eficiente e perceber as suas limitações.

O professor deve recomendar com cuidado o dicionário a ser utilizado, especialmente quanto à sua especificidade em relação ao Português do Brasil.

Informações sobre o Brasil

O Brasil é parte integrante do **Novo Avenida Brasil**. O país, sua cultura e seus costumes estão presentes nos textos, exercícios e ilustrações.

Quando os costumes e as tradições são tematizados, procura-se evitar o fortalecimento de preconceitos e a simplificação ingênua da imagem do país do samba, do futebol e das florestas, estimulando, isso sim, a reflexão sobre a cultura própria dos alunos e relativizando as informações fornecidas pelo próprio livro.

Comunicação em sala de aula

A sala de aula é, para a maioria dos alunos no estrangeiro, a única oportunidade de utilizar os conhecimentos e habilidades adquiridas. Por isso, o **Novo Avenida Brasil** apresenta logo de início (nas lições 1 e 2) vocabulário específico para a comunicação com o professor e os colegas.

Os alunos adquirem a capacidade de interferir na aula, assegurando a sua compreensão e podem agir verbalmente sobre seu parceiro de conversação durante as atividades comunicativas previstas em cada lição.

O uso do português na aula é fundamental para o aprendizado, mas também a língua materna dos alunos tem seu lugar em explicações gramaticais mais complexas, debates e discussões especialmente de cunho intercultural, que exijam proficiência comunicativa acima do nível da classe etc.

A tradução para a língua materna também tem a sua razão de ser em momentos determinados: entender a gramática contrastivamente, esclarecer expressões idiomáticas etc.

O Aprendizado da Língua

Exercícios

Cada livro de **Novo Avenida Brasil** traz em sua segunda parte um conjunto de exercícios. Esses exercícios devem ser aplicados ou paralelamente a cada uma das lições, ou no final de cada lição, para consolidar e ampliar seu conteúdo. No caso deste Manual, preferiu-se adotar a forma paralela, isto é, os exercícios da segunda parte do livro foram entremeados com as atividades do Livro-texto.

Os exercícios são fundamentais para passar da fase do entendimento à automatização, transferência e aplicação do material trabalhado em aula. Por isso, o **Novo Avenida Brasil** coloca à disposição dos alunos grande número de exercícios e atividades.

No livro-texto, os exercícios iniciam o treino, normalmente oral, da matéria. Geralmente, eles não são suficientes para um domínio real do assunto. Os exercícios da segunda parte do livro encarregam-se de aprofundá-lo e de oferecer a oportunidade para, em sala ou em casa, prosseguir na fixação do material. O livro apresenta, no final, respostas para todos os exercícios com respostas únicas ou limitadas, de modo a permitir aos alunos a autocorreção do trabalho.

O **Novo Avenida Brasil** apresenta somente alguns exercícios de automatização, por julgar que só o professor pode determinar a quantidade e forma destas atividades. Somente o professor pode avaliar as necessidades de cada grupo e decidir com que intensidade se dedicará à automatização de estruturas, e poderá criar, ele mesmo, com facilidade, exercícios adequados e variados para sua classe.

Vocabulário

O vocabulário, parte fundamental do domínio de uma língua, é apresentado no **Novo Avenida Brasil** ligado a contexto ou a temas e a sua apropriação é facilitada pelo material visual contido nos livros e pelos exercícios propostos no bloco E.

Na lista alfabética de palavras, no fim de cada livro, assinala-se a primeira aparição do vocabulário ou expressão com determinado sentido no livro-texto.

Os glossários bilíngues ajudam os alunos na organização e retenção do material lexical.

Gramática

A gramática no **Novo Avenida Brasil** não é meta, mas auxílio no aprendizado. A grande maioria dos alunos adultos tem necessidade dela como organizador racional da língua e como forma à qual recorrer em momentos de dúvida.

Desta forma, cada lição contém um bloco B, em que a gramática é exposta de forma clara e sucinta. Exercícios se seguem a cada tópico para fixar e ampliar as estruturas já vistas no bloco A e retomadas mais adiante.

O **Novo Avenida Brasil** preferiu uma abordagem tradicional da gramática, deixando de lado outros modelos, partindo da premissa de que a maioria dos alunos vê a forma tradicional como natural para a descrição de sua própria língua materna.

Tópicos complexos, como a conjugação de verbos, a formação e a utilização de tempos verbais etc., são distribuídos ao longo do método e voltam ciclicamente nos exercícios, já que não se deve esperar que uma única apresentação das regras garanta aos alunos o domínio delas. Em várias partes do livro, há um lembrete (" Lembre-se") que transmite observações importantes sobre a questão que está sendo dada.

Fonética

A prática da pronúncia tem importância central em qualquer aprendizado de línguas. Não se trata de, necessariamente, conduzir os alunos a uma pronúncia nativa, mas de assegurar uma forma de expressão compreensível sem maiores dificuldades para brasileiros, mantendo eventualmente coloração pessoal ou "estrangeira".

Os exercícios de fonética não foram incluídos nas lições do livro, mas aparecem num apêndice. Isto permite ao professor escolher o melhor momento para utilizá-los, adaptá-los a necessidades específicas de certas línguas, ampliando ou eliminando o tratamento de certos fenômenos. É recomendável esgotar o material "fonética" nas primeiras aulas, de modo a impedir a aquisição de vícios de pronúncia pelo aluno. A habilidade de emitir sons novos ou combinações de sons não usuais passa forçosamente pela capacidade de ouvi-los e distingui-los. Os exercícios sugeridos na parte de fonética no final do livro 1 sempre preveem, por isso, uma primeira fase de reconhecimento e distinção de sons, antes de passar à articulação dos mesmos.

A notação fonética internacional, utilizada no apêndice de fonética, não é meta de aprendizado. É utilizada apenas para representar os sons de forma padronizada. O som a ser ouvido ou articulado deve sempre ter como modelo a gravação ou o professor.

A Estrutura do
Novo Avenida Brasil 1, 2 e 3

O **Novo Avenida Brasil** compõe-se de 24 lições, organizadas por intenções comunicativas (cumprimentar, expressar dúvida, relatar, pedir, etc.) e tematicamente, permitindo aos alunos uma progressão segura nos seus conhecimentos gramaticais e léxicos. Essas 24 lições estão distribuídas em 3 livros (Livro 1 – lições 1 a 6 + revisão; Livro 2 – lições de 1 a 6 + revisão e Livro 3 – lições de 1 a 8 + 2 revisões (lição de revisão após as lições 4 e 8 do livro-texto e da parte dos exercícios). Cada lição é dividida em seis blocos (Página inicial, A, B, C, D e E), planejados para serem trabalhados sequencialmente, mas permitindo intercalação para melhor se adaptarem a necessidades específicas.

O **primeiro bloco** (O que vamos aprender?) tem a função de apresentar aos alunos o tema, as estruturas gramaticais e o conteúdo da lição. Sob a forma de exercícios rápidos e variados, os alunos lidam com itens novos, a serem desenvolvidos posteriormente, durante o trabalho com a lição. É uma forma de familiarizá-los, de saída, com o material a ser desenvolvido nas partes seguintes da lição. Tanto o tema, quanto as principais estruturas gramaticais e as intenções de fala são abordados nesse bloco introdutório, preparando os alunos para o trabalho a ser desenvolvido em seguida.

O **bloco A** em cada lição tem a função de apresentar o tema, introduzir elementos de comunicação e vocabulário do dia-a-dia e mostrar estruturas a fenômenos gramaticais de uso frequente na língua falada. As ilustrações facilitam a compreensão e ajudam na contextualização. Os exercícios comunicativos começam a desenvolver o domínio do material apresentado.

O **bloco B** apresenta a gramática de cada lição. As estruturas e regularidades da língua são mostradas de forma concisa e clara e logo a seguir exercitadas, com atividades variadas e de dificuldade crescente. Este bloco pode eventualmente ser visto antes ou em paralelo com o bloco A, dependendo das necessidades cognitivas de cada grupo.

O **bloco C** não só aprofunda e amplia o bloco A, muitas vezes mudando a perspectiva temática, mas também estimula os alunos a relacionar o tema à sua própria realidade.

O **bloco D** trabalha com os textos de audição e leitura contendo vocabulário e estruturas ainda em parte desconhecidas. Os exercícios ajudam no entendimento global e/ou de detalhes, estimulando os alunos a desenvolver estratégias de compreensão úteis no contato com textos autênticos.

O **bloco E**, finalmente, trabalha com vocabulário. Este é ampliado e organizado, relacionado ao de lições anteriores, às vezes, extraído do tema da lição e transportado para outros usos. Os exercícios permitem aos alunos fixar e utilizar as palavras, muitas vezes de forma lúdica.

O trabalho com textos

O **Novo Avenida Brasil** apresenta grande variedade de textos orais e escritos: diálogos, monólogos, artigos de jornais e revistas, trechos literários autênticos etc.

Estes textos são apresentados com metas de aprendizado diferenciadas e é fundamental que o professor trabalhe com eles de forma específica. A seguir, são apresentadas algumas classes de texto com o procedimento padrão sugerido.

Diálogos

Os diálogos aparecem normalmente nos blocos A e C do livro-texto e na gravação.

O vocabulário, as expressões e as estruturas neles contidos devem ser ativados pelos alunos, pois são sempre ligados diretamente ao cotidiano brasileiro.

O trabalho com diálogo começa pela introdução geral do tema, com ajuda das ilustrações e/ou perguntas do professor, ativando os conhecimentos que os alunos já possuem, e com a formulação de hipóteses quanto ao conteúdo da gravação que ouvirão. Isto garante uma audição ativa, procurando confirmar ou descartar as hipóteses levantadas anteriormente.

Não se deve permitir aos alunos ler o texto antes da audição.

O texto é, a seguir, ouvido duas ou três vezes, com o livro fechado, e o professor assegura a compreensão total com explicações, gestos, sinônimos, antônimos etc. ou por meio de tradução de palavras, como último recurso. O professor se certifica da compreensão mediante perguntas relativas ao conteúdo do diálogo.

A seguir, ouve-se o texto, frase por frase, com os alunos imitando cuidadosamente a pronúncia e a entonação do original, mais de uma vez, se necessário.

Após a repetição, os alunos podem ler o texto e tirar eventuais dúvidas, que ainda tenham, quanto a palavras ou expressões. As estruturas gramaticais introduzidas nos diálogos normalmente não são explicadas neste momento, embora isto seja possível, dependendo da necessidade cognitiva de cada grupo.

Pode-se em seguida pedir aos alunos para que leiam o texto em voz alta, assegurando boa pronúncia e a entonação adequada.

A ativação do material apresentado começa pela reconstrução textual do diálogo: o professor coloca símbolos ou palavras-chave de cada fala na lousa e pede aos alunos que reconstruam o texto oralmente, com os livros fechados. Não se trata de memorizar o texto, mas de automatizar certas sequências-padrão na língua falada. Os alunos trabalham em duplas, assumindo cada personagem alternadamente.

Frases ou expressões mais interessantes ou difíceis podem ser extraídas e treinadas separadamente de diversas formas: preparando cópias do texto com palavras ou expressões apagadas, aplicando as frases em contexto diferente ou substituindo-as por expressões sinônimas etc.

Finalmente, pode-se passar aos exercícios propostos pelo livro-texto e exercícios.

Resumindo, sugere-se o seguinte procedimento-padrão para diálogo;

1. O que vamos aprender?
2. Introduzir o tema, observar as ilustrações e formular hipóteses quanto ao conteúdo do texto.
3. Apresentar o texto duas ou três vezes, com livros fechados.
4. Compreensão do texto por meio de perguntas de conteúdo; explicar expressão ou palavras desconhecidas por gestos, reformulações, antônimos etc., traduzindo nos casos mais difíceis ou interessantes.
5. Repetição frase por frase, com cuidado especial na pronúncia e entonação.
6. Eventual leitura em voz alta, assegurando boa pronúncia.
7. Reconstrução do texto, com o livro fechado, com a ajuda de palavras-chave ou símbolo na lousa.
8. Destaque das partes mais importantes ou difíceis do texto por meio de exercícios.
9. Resolução dos exercícios correspondentes à lição (exercícios).

Textos de audição

Textos de audição encontram-se nos blocos D do livro-texto e Exercícios.

A meta fundamental é a de desenvolver nos alunos a capacidade de entender textos falados, mesmo sem conhecer todas as palavras ou estruturas neles contidas e, de preferência, sem consulta à transcrição dos mesmos.

O material lexical e estrutural desconhecido, apresentado nos textos de audição, não faz parte daquilo que os alunos devem ativar e isto deve ser explicado a eles.

O entendimento que se quer desenvolver refere-se a uma compreensão global do tema e/ou à percepção de certos detalhes da informação. Para isto, é fundamental que, antes da audição, os alunos saibam o que estão querendo extrair do texto. Por isso, o trabalho se inicia com a observação do título, do material visual oferecido no livro e com a leitura das perguntas orientadoras.

A seguir, ouve-se a gravação duas a três vezes e responde-se às perguntas oferecidas pelo livro. A correção pode ser feita ouvindo-se o texto mais uma vez por inteiro, repetindo-se certos trechos em caso de dúvida.

Em resumo, sugere-se o seguinte procedimento para textos de audição:

1. Ler o título e tomar conhecimento das tarefas orientadoras.
2. Ouvir a gravação duas ou três vezes.
3. Resolver os exercícios propostos no livro.
4. Ouvir a gravação mais uma vez, comparando as respostas com o texto.
5. Em caso de dúvidas, ouvir trechos específicos da gravação.

Textos de Leitura

Textos de leitura aparecem normalmente nos blocos D do livro-texto e em Exercícios.

Estes textos têm como meta desenvolver nos alunos certas estratégias de leitura que lhes permitam uma compreensão global e/ou a obtenção de informações específicas que procuram. (O professor deve ter em mente que este tipo de leitura, que se quer treinar, é muito diferente da leitura de textos literários, em que, via de regra, lemos para entender e apreciar cada palavra da obra).

Por esta razão, é fundamental que os alunos percebam claramente qual é a finalidade de sua leitura, de modo que possam decidir em que momento podem parar de tentar entender palavras, expressões ou estruturas ainda desconhecidas.

O trabalho com textos de leitura é, por isso, iniciado pela leitura do título, observação da forma (artigo de jornal, trecho literário, artigo de dicionário etc.) e das fotos, ilustrações em gráficos que os acompanham. A seguir, os alunos leem as perguntas orientadoras e passam a ler o texto, sem o auxílio do dicionário.

Em seguida, respondem às perguntas propostas e dirimem eventuais dúvidas, consultando trechos do texto e, em último caso, o dicionário ou o professor.

Resumindo, sugere-se o seguinte procedimento para textos de leitura:

1. Observar a forma, ler o título e as tarefas orientadoras de leitura, para garantir a compreensão.
2. Ler o texto.
3. Resolver os exercícios propostos pelo livro.
4. Comparar respostas e voltar ao texto em caso de dúvidas, se necessário com a ajuda de um dicionário.

Lição 1 - Corpo

Elementos do tema da lição 1

Comunicativos – As partes do corpo, saúde e doenças e a descrição de pessoas são tema da lição 1. Comunicativamente, esta lição leva os/as **AL** a descrever e caracterizar pessoas e coisas, a expressar agrado, a falar sobre saúde e a expressar simpatia ou antipatia.

Gramaticais – A gramática da lição é composta pelos verbos irregulares ver, ter que, adjetivos, superlativo absoluto e pela formação de plurais.

Sequência proposta: Página inicial, A1, A2 + 1 + 2, A3 + 3, A4 + 4

O que vamos aprender?

– Com ajuda das fotos, o tema é introduzido. O/a **PR** poderá levar a conversação aos temas corpo, saúde.

– A 3ª foto pode ser utilizada para explorar o tema simpatia/antipatia.

– **AL** fazem o exercício individualmente.

Respostas página 148.

A1 Acho lindíssimo

Comunicação: expressar agrado, descrever, caracterizar

Assunto: arte, corpo humano

Gramática: ver, adjetivos, plural, superlativo absoluto

– Procedimento padrão de Diálogos.

A2

Comunicação: descrever

Assunto: corpo humano

Gramática: adjetivos, plural

– **PR** introduz as partes do corpo sem livro, utilizando seu corpo para mostrá-las, e anotando os nomes na lousa.

– **AL** automatizam as partes do corpo com o/a **PR**; mostrando-as e as/os **AL** dizendo seu nome.

– **AL** observam a foto do exercício 1 e completam as partes faltantes (Respostas página 148).

– O exercício 2 é feito com a classe toda.

– **AL** fazem 1 e 2 em duplas.

A3 Será que vou ter um enfarte?

Comunicação: falar sobre saúde

Tema: doenças

Gramática: ter que

– Procedimento padrão de Diálogos.

A4 Estou péssimo

Comunicação: falar sobre saúde, expressar simpatia

Tema: doenças

Gramática: ter que

– Procedimento padrão de Diálogos.

– **AL** fazem 4 em casa.

Sequência proposta: B1+5, B2 + 6, B3 + 7, B4 + 8, B5

B1 Verbo irregular ver

– **PR** apresenta o presente de *ver*.

– **AL** automatizam.

   * Não é aconselhável agora chamar a atenção para a existência do verbo vir, com conjugação muitas vezes confundida com a de ver.

– **AL** completam as formas do pretérito perfeito.

– **AL** fazem o exercício 1.

Respostas pág. 148

– O exercício 2 é feito em duplas.

– **AL** fazem 5 em casa.

Respostas pág. 148

B2 Pronomes pessoais lhe, lhes

– **PR** apresenta os pronomes *lhe/lhes*, relembrando e contrastando com *o/a, -lo/la* etc.: *lhe/lhes* substitui os pronomes retos da 3ª pessoa (ele/ela/você, eles/elas/vocês), quando estes vêm acompanhados pelas preposições *para* ou *a*.

– **AL** fazem o exercício.

Respostas página 148

– **AL** fazem 6 em casa.

B3 Superlativo absoluto

– **PR** apresenta o superlativo absoluto com exemplos e dá algumas regras: normalmente é formado com a terminação *-íssimo*; quando o adjetivo termina em *-cil*, com terminação *-ílimo*; quando o adjetivo termina em *-ável*, com terminação *-bilíssimo*.

– **AL** fazem o exercício.

– **AL** fazem 7 em grupos ou em casa.

B4 Plural

– **PR** apresenta os plurais de adjetivos e substantivos.

* Especial atenção com a mudança na pronúncia, por exemplo, da letra "o", em olho [o], olhos [D] etc.; com a falta de regras para a terminação *ão*; com a diferença no plural na terminação *-il* em palavras oxítonas (civil, civis) e paroxítonas (útil, úteis).

– **AL** fazem o exercício 1.

Respostas página 148.

– O exercício 2 é feito em duplas.

– **AL** fazem 8 individualmente ou em casa.

B5 ter que

– **PR** apresenta o significado de *ter que*, contrastando com a língua dos alunos.

– **AL** fazem o exercício em duplas.

Sequência proposta: C, 9

C Características

Comunicação: descrever e caracterizar pessoas, expressar simpatia e antipatia

Assunto: descrição de pessoas

– **AL** olham a foto, sem ler o texto, e falam sobre o homem: parece simpático?, que idade tem?, o que ele faz? etc.

– Procedimento padrão de Diálogos, passos 2-7.

Exercício 1: em duplas, **AL** preparam a sua descrição do homem da foto e a apresentam à classe.

– **AL** fazem o exercício 2 como tarefa.

– Exercício 3: um/uma **AL** pensa numa pessoa conhecida, o resto da classe descobre a pessoa por meio de perguntas.

– **AL** fazem como tarefa de casa.

Sequência proposta: D1, D2, 10, 11 D

D1 Procedimento padrão de Textos de leitura.

D2 Ioga?

– **AL** olham o título, o comando e as ilustrações.

– Ouve-se o texto uma vez.

– Na segunda vez, os alunos vão tocando as partes do corpo mencionadas.

(ver o texto de audição na página 141)

10 – **AL** fazem como tarefa de casa.

11– **AL** fazem como tarefa de casa.

E

Sequência proposta: E1, E2, 12

E1

Em duplas.

E2

– Individualmente, os/as **AL** encontram a ilustração igual à primeira, (1 e f são iguais).

– **AL** verbalizam as diferenças das outras ilustrações.

12 – **AL** fazem como tarefa de casa.

Lição 2 - Trabalho

Elementos do tema da lição 2

Comunicativos – A lição 2 tem por tema o trabalho, os empregos e as profissões. Comunicativamente, as/os **AL** aprendem a dar opiniões, a tomar partido, a confirmar, a contradizer e a definir.

Gramaticais – O pretérito imperfeito das três conjugações e dos verbos ser e ir, seu uso diferenciado do pretérito perfeito e os números ordinais são os temas gramaticais desta lição.

Sequência proposta: Página inicial, A1, A2 + 2 + 1, A3 + 3, A4+B1+4+5

O que vamos aprender?

Com a ajuda das fotos à direita da página, falar sobre as profissões mostradas, discutir se (ainda) existem no país dos/das **AL**. Estimular o uso das expressões contidas no exercício 1.

Divida a classe em 3 grupos e peça que cada grupo trabalhe com uma das fotos do topo da página. A tarefa é descrever a atividade e a profissão mostrada.

Com a classe toda, fazer o exercício 1.

– **AL** fazem o exercício 2. Individualmente.

A1 Você concorda ou não concorda?

Comunicação: dar opiniões

Tema: trabalho

– As afirmações sobre o trabalho são lidas uma a uma, com explicações do/da **PR**. Os/as **AL** expressam a sua opinião, utilizando os elementos indicados no item 1 da página 11, justificando eventualmente a sua posição.

– A definição de trabalho do dicionário é lida e comentada: qual destas definições seria a sua para trabalho?; por que?; há outras?

A2 Na minha opinião, ...

Comunicação: dar opiniões, tomar partido, contradizer

Tema: trabalho

– Os elementos para discussão, abaixo das ilustrações, são lidos e esclarecidos.

– Individualmente, as/os **AL** observam as ilustrações e decidem se cada uma delas representa ou não trabalho.

– As respostas de cada um são ouvidas e discutidas com a utilização dos elementos de discussão.

– **AL** fazem 2 individualmente.

– **AL** fazem 1 em casa.

A3 Os direitos dos trabalhadores

Comunicação: definir, dar opiniões.

Tema: direitos dos trabalhadores

Gramática: números ordinais

– O termo Constituição e o título "Capítulo II, DOS DIREITOS SOCIAIS" são esclarecidos.

– 1: As/os **AL** leem o texto uma vez, rapidamente, sem se preocupar em entendê-lo, só procurando e sublinhando os números mencionados na pergunta.

– **PR** se certifica de que todos os encontraram.

– 2: Em duplas ou em pequenos grupos, e com a ajuda do dicionário, os/as **AL** descobrem a que se referem os números, formulando suas respostas segundo o modelo no livro.

> * O/a **PR** deve chamar a atenção dos/das **AL** para o fato de que não está pedindo uma tradução dos parágrafos correspondentes, mas um entendimento aproximado. Ela/ele deveria acompanhar o trabalho dos grupos, orientando-os quanto às palavras que devem procurar no dicionário.

– Os grupos apresentam seus resultados.

– 3: **AL** discutem a importância de cada direito.

– 4: **AL** comparam com os direitos nos seus próprios países.

– 5: **AL** discutem até que ponto a Constituição do seu país é aplicada na vida dos cidadãos.

> * No Brasil, o texto constitucional não corresponde necessariamente à prática. Alguns exemplos são: o parágrafo IV assegura um salário mínimo capaz de atender às necessidades básicas, mas, lamentavelmente, não atinge o valor mínimo necessário à subsistência digna; há muitos trabalhadores no Brasil sem vínculo legal com seus empregadores, não recebendo muitas vezes férias, 13º salário e outros benefícios.

– 6: Em duplas, os/as **AL** encontram novos "direitos do trabalhador" e os apresentam a seus colegas.

– **AL** fazem 3 em casa.

A4 A vida da mulher: Antigamente, era melhor

B1 Pretérito imperfeito: *formas*

Comunicação: dar opiniões

Tema: trabalho da mulher

Gramática: pretérito imperfeito

– **AL** leem o título e "adivinham" o sentido de *era*.

– Os **AL** ouvem a gravação do texto, uma vez com livro fechado, a segunda acompanhando a leitura

– Em duplas, **AL** leem os textos e fazem uma lista das formas do pretérito perfeito que aparecem, organizando-as por conjugação.

– Os resultados são apresentados e organizados na lousa.

– **AL** comparam a situação da mulher hoje com a de antigamente.

– **PR** complementa as formas do pretérito imperfeito das três conjugações e de ser e ter.

– **AL** fazem 4 individualmente.

– **AL** fazem 5 em casa.

(Texto na página 141)

Sequência proposta: B2 + 6, B3 + 7, B4 + 8, B5 + 9, 10 + B6 +11, B7+12

B2 Rotinas no passado

– **PR** introduz o uso do pretérito imperfeito, dizendo que ele tem usos específicos, contrastando com a língua dos/das **AL**, se necessário, e introduz a primeira regra: rotinas no passado.

* Evite a tradução do nome pretérito imperfeito, especialmente se a língua das/dos **AL** (alemão, por exemplo) tiver tempo verbal com nome semelhante e uso diferente, pois isto só causa confusão. Isto se aplica, aliás, a todos os tempos verbais.

– **AL** fazem o exercício 1 individualmente.

– O exercício 2 é feito com a classe toda.

– **AL** fazem 6 em casa.

B3 Descrição no passado

– Com a ajuda do texto "Exemplo:", o **PR** introduz este uso do pretérito imperfeito, chamando a atenção para o uso diferenciado do perfeito e imperfeito, contrastando com a língua dos/das **AL**.

– O exercício é feito em duplas.

– **AL** fazem 7 em casa.

B4 Duas ações no passado

– **PR** introduz o uso simultâneo do perfeito e imperfeito, contrastando com a língua dos/das **AL**. Deve deixar claro que o uso dos tempos é fundamental para o conteúdo das frases: o pretérito perfeito indicando a ação mais curta, terminada, e o pretérito imperfeito indicando a ação mais longa, que começou antes e continua acontecendo depois no passado.

– **AL** fazem o exercício individualmente.

(Respostas página 148)

– **AL** fazem 8 individualmente.

B5 Duas ações longas no passado

– **PR** contrasta este uso com o do item B4.

– **AL** fazem o exercício individualmente.

– **AL** fazem 9 em casa.

B6 Fale sobre suas últimas férias

– **AL** fazem 10 individualmente.

– Os elementos de conversação de B6 são lidos e explicados.

– As/os **AL** têm alguns minutos para preparar um relato de suas últimas férias e o apresentam à classe. Em classes numerosas, isto pode ser feito em grupos.

– **AL** fazem 11 em casa.

B7 Números ordinais

– Os números ordinais são apresentados, automatizados e aplicados à realidade da classe (que lugares ocupam na classe, em que ordem ficariam alfabeticamente ou por idade e outros).

– 12 pode ser feito em duplas ou em casa.

Sequência proposta: C1, C2, 13 C

C1 Admissão

Comunicação: dar opiniões

Tema: procurando emprego

– **AL** leem o anúncio e as fichas, tentando intuir o sentido das palavras desconhecidas. Os resultados são comparados e corrigidos com a ajuda do/da **PR**.

– Os elementos de discussão são lidos.

– Em duplas, os/as **AL** discutem qual candidata/o escolheriam e apresentam seus resultados à classe, justificando-os.

C2 Seu trabalho

Comunicação: definir

Tema: atividades profissionais

– As perguntas e o vocabulário são lidos e esclarecidos.

– Os **AL** trabalham em duplas, entrevistando-se.

– Cada um dos **AL** apresentam as atividades profissionais de seu/ sua colega.

13 – **AL** fazem como tarefa de casa.

Sequência proposta: D1, D2, 14, 15

D1

– Procedimento padrão de Texto de leitura.

D2

– Procedimento padrão de Texto de audição.

(ver o texto de audição nas páginas 141 e 142)

14 – **AL** fazem como tarefa de casa.

15 – **AL** fazem como tarefa de casa.

E

Sequência proposta: E1, 17, 16, E2, 18

E1

AL fazem os exercícios 1 e 2 em duplas.

17 – **AL** fazem em casa ou como jogo (com tempo marcado) em classe.

16 – **AL** fazem como tarefa de casa.

E2 Siglas

Procedimento padrão de Texto de leitura

18 – **AL** fazem como tarefa de casa.

Lição 3 - Roupa

Elementos do tema da lição 3

Comunicativos – A roupa e seu significado social, convites e diferenças interculturais são tema da lição 3.

Comunicativamente, os/as **AL** aprendem a descrever, a expressar desejos, contentamento e dúvidas, a oferecer ajuda, a pedir permissão, a expressar preocupação e a aconselhar.

Gramaticais – A gramática da lição apresenta os verbos irregulares pôr e vir, o uso de ir e vir, o futuro do pretérito e, passivamente, o futuro do presente.

Sequência proposta: Página inicial, A1, A2 + 2, A3 + 1 + 3

O que vamos aprender?

Com a 3ª foto do topo da página, imaginar com a classe para onde estes homens estão indo.

AL fazem o exercício individualmente.

Com as primeiras 2 fotos, pedir a cada aluno que escolha uma peça de roupa que descreverá para a classe.

A1 Liquidação de verão – D & B Modas

Comunicação: descrever

Tema: roupas

– Com a ajuda das ilustrações, introduzem-se as peças de vestuário, as cores e as outras características. Pode-se eventualmente ampliá-las.

– **AL** descrevem a roupa de seus/suas colegas. Alternativamente, jogo de adivinhação: por meio da descrição das roupas, os outros devem descobrir quem o/a **AL** está descrevendo.

A2 Eu gostaria de ver...

Comunicação: descrever, expressar desejos e dúvidas, oferecer ajuda, aconselhar, pedir permissão. Tema: comprar roupa

– Procedimento padrão de Diálogos.

– **AL** fazem 2 em casa.

> * No Brasil, é comum o pagamento com cheque ou cartão de crédito, mesmo para quantias relativamente pequenas. Também é comum dividir-se o pagamento em parcelas.

A3 O que vestir?

Comunicação: expressar dúvida, aconselhar

Tema: roupa adequada a situações

Gramática: vir, pôr, futuro do pretérito, futuro do presente (passivo)

– Procedimento padrão de Diálogos, passos 1-7

– O exercício 1 é feito com a classe toda.

– Lê-se o convite de casamento.

– **AL** fazem o exercício 2 em duplas ou pequenos grupos.

– **AL** fazem 1 em casa.

– **AL** fazem 3 em casa ou em grupos.

B

Sequência proposta: B1 + 4, B2 + 5+ 6, B3 + 7, B4, B5 + 8, B6 + 9

B1 Verbo irregular *pôr*

– **PR** apresenta o presente do verbo pôr e automatiza as formas.

– **AL** fazem o exercício 1.

   * Nos exercícios 1 a 3, o verbo pôr aparece com vários significados. O/a **PR** pode pedir aos/às **AL** para fazerem uma lista destes, com traduções para o próprio idioma, se necessário.

– **PR** apresenta e automatiza o pretérito perfeito, **AL** fazem o exercício 2 a.

– **PR** apresenta e automatiza o pretérito imperfeito, **AL** fazem o exercício 2 b.

– **AL** fazem exercício 3.

– **AL** fazem 4 em casa.

B2 Verbo irregular *vir*

– Trabalhar como B1

– **AL** fazem 5 em casa.

– **AL** fazem 6 individualmente ou em casa. Se necessário, rever antes a conjugação de ver.

B3 *ir* e *vir*

– **PR** apresenta o uso de *ir* e *vir*: *ir* indicando a direção para longe do falante, *vir* na direção deste. A distinção é especialmente importante para **AL** em cuja língua o uso seja diferente.

– Também merecem comentário as palavras aí/ali/lá: *aí* normalmente indica o lugar em que se encontra a pessoa com quem se fala, *ali/lá* um lugar distante de ambos (*ali* mais próximo do que *lá*).

– Em duplas, as/os **AL** fazem o exercício 1.

– **AL** fazem 2 individualmente.

– **AL** fazem 7 em casa.

B4 Verbo irregular *vestir-se*

– A forma do presente é apresentada e automatizada.

– O/a **PR** chama a atenção para a diferença de sentido com e sem pronome reflexivo.

– As/os **AL** completam as formas do perfeito e imperfeito, que são regulares.

(Respostas página 149)

– **AL** fazem o exercício 2 em duplas.

B5 Futuro do presente

* O futuro do presente só é apresentado de forma relativamente passiva, isto é, não se pede às/aos **AL** para produzirem as suas formas oralmente, mas só para reconhecê-las em textos ou produzi-las em exercício escrito, por ser pouco frequente na linguagem falada.

– **PR** apresenta, mas não automatiza as formas do futuro do presente.

– **AL** fazem exercício 1 individualmente.

– **AL** fazem exercício 2 individualmente.

– **AL** fazem 8 em casa.

B6 Futuro do pretérito

– **PR** apresenta as formas do futuro do pretérito e as automatiza.

* O futuro do pretérito só é apresentado para expressar irrealidade ou hipótese, não como discurso indireto (Ele disse que viria).

* Não é possível ainda aos/às **AL** formarem frases condicionais. Perceba a formulação dos exemplos e utilize formas semelhantes, para evitar já ter que introduzir o imperfeito do subjuntivo!

– O exercício é feito com a classe toda.

– **AL** fazem 9 em casa.

C

Sequência proposta: C, 10

C Comportamento no Brasil é diferente ... ou será que não?

Comunicação: opinar, expressar dúvida

Tema: diferenças culturais

– **PR** introduz o tema conversando com a classe sobre costumes relativos à pontualidade e a convites nos países dos alunos.

– Leem-se e discutem-se as diferentes situações apresentadas no livro, eventualmente já levando em consideração as diferenças entre níveis de idade ou sociais entre os/as **AL**.

> * As "normas de comportamento" apresentadas no livro são, obviamente, generalizações imprecisas, sujeitas a variações individuais, regionais e de idade. Será muito bom se a/o PR, baseada/o em conhecimento próprio, relativizá-las para que não sejam consagradas como verdades a serem sempre seguidas cegamente em ambientes brasileiros.

10 – **AL** fazem em classe, individualmente.

> * Ao comparar os resultados das/dos **AL**, tem-se uma ótima oportunidade para verbalizar conceitos e preconceitos quanto à vida no Brasil "tropical".

– Se seus/suas **AL** não perceberem que o teste não é tão sério assim, por favor, chame-lhes a atenção para isto!

Sequência proposta: D1, D2, 11, 12

D1 Minha tia vai para Brasília

– Procedimento padrão de Textos de audição.

(ver o texto de audição na página 142)

D2 Lista de lavanderia

– Procedimento padrão de Textos de leitura.

11 – **AL** fazem como tarefa de casa.

12 – **AL** fazem como tarefa de casa.

E

Sequência proposta: E1 + 13 + 14 + 15, E2

E1 O significado das cores

– **AL** trabalham em duplas.

– **AL** fazem 13, 14 e 15 em classe ou em casa.

E2 Formas

– **AL** trabalham em duplas.

Lição 4 — Vida em família

Elementos do tema da lição 4

Comunicativos – A família, as festas e a imigração para o Brasil são tema da lição 4.

As/os **AL** aprendem, comunicativamente, a definir e a descrever relações de parentesco e a desejar felicidade e sorte.

Gramaticais – A gramática da lição apresenta os verbos trazer, saber e dizer, o uso de levar e trazer e os mais-que-perfeitos composto e simples, este último passivamente.

Sequência proposta: Página inicial, A1, A2 + 1 + 2 A

O que vamos aprender?

Ler o esquema com a classe toda.

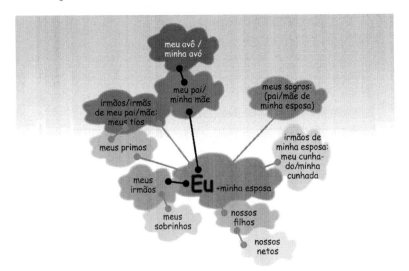

* O esquema se baseia no/na aluna (Eu no desenho). As bolhas com os nomes das relações de parentesco têm o Eu por ponto de partida.

– **AL** fazem o exercício em duplas.

– Comentar as fotos, tentando estabelecer relações de parentesco entre as pessoas.

A1 A família

Comunicação: definir e descrever parentesco

Tema: a família

– **AL** fazem o exercício 1 individualmente.

– **AL** descrevem e diferenciam as fotos da pág. 34, levantando hipóteses sobre as relações familiares mostradas. Os plurais da pequena tabela à direita das fotos são introduzidos conforme a necessidade.

* No Brasil, o termo família normalmente é aplicado à família "completa", isto é, incluindo pai, mãe, filhos, tios, primos e avós.

A2 Parentes

Comunicação: definir e descrever parentesco

Tema: a família

Gramática: saber, dizer, mais-que-perfeito composto

– O primeiro texto (Pedro Becker, ...) é ouvido, primeiro com os livros fechados, depois acompanhado de leitura silenciosa.

– Após as explicações de vocabulário, AL trabalham em duplas para montar a árvore genealógica.

– O segundo texto (Leda Pereira Duarte, ...) é trabalhado como o primeiro.

– Baseados nos modelos dos textos, AL falam sobre as suas famílias em pequenos grupos.

* Peça a seus alunos para trazerem fotos de suas famílias para esta aula. É bem mais produtivo discorrer sobre este tema falando sobre pessoas concretas.

– O exercício 4 é feito como discussão com a classe.

– **AL** fazem 1 individualmente.

– **AL** fazem 2 em casa.

Sequência proposta: B1 + 3 + 4, B2 + 5, B3 + 6, B4 + 7, B5 + 8

B1 Verbo irregular *trazer*

– As formas de *trazer* são apresentadas e automatizadas.

– **AL** fazem o exercício 2 individualmente.

– **PR** explica o uso de *levar* e *trazer*, contrastando com a língua das/dos **AL**: o referencial é sempre a posição do falante. Se algo é "carregado" de lá para algum lugar, é levado. Se se "carrega" algo de algum lugar para a sua posição, é trazido.

– **AL** fazem o exercício 3.

Respostas página 149

– **AL** fazem exercício 4. em duplas.

– **AL** fazem 4 em casa.

B2 Verbo irregular *saber*

– As formas de *saber* são apresentadas e automatizadas.

– Se na língua dos/das **AL** o verbo *saber* corresponde a mais de um verbo, traduzem-se as frases do tópico 1.

– **AL** fazem o exercício 2 individualmente.

Respostas página 149

– **AL** fazem 5 individualmente.

B3 Verbo irregular *dizer*

– As formas são apresentadas e automatizadas.

– **AL** fazem o exercício individualmente.

Respostas página 149

– **AL** fazem 6 em casa.

B4 Mais-que-perfeito composto

– **PR** apresenta a estrutura do mais-que-perfeito composto e as formas dos particípios.

– O uso é apresentado e contrastado com a língua dos/das **AL**.

– **AL** fazem o exercício 2 individualmente.

Respostas página 149

– **AL** fazem 7 em casa.

B5 Mais-que-perfeito simples

* O mais-que-perfeito simples é apresentado de forma passiva. Os/as **AL** só precisam aprender a entendê-lo em textos, pois é bastante raro na língua falada.

– As formas são apresentadas, mas não automatizadas.

– **AL** fazem os exercícios 2 e 3.

– **AL** fazem 8 em casa.

Sequência proposta: C1, C2 + 11 + 10, 9

C1 Festas ao longo da vida no Brasil ...

Tema: festas

– **AL** olham os cartões e os relacionam aos textos.

– As festas são comentadas e comparadas às tradições de outros países.

* Aniversários infantis são, muitas vezes, comemorados em grandes festas, também com a presença de adultos; especialmente o primeiro aniversário tem importância especial.

Em famílias tradicionais, o 15º aniversário das filhas é ainda comemorado como data especial: marca a entrada das meninas à adolescência, a sua entrada na sociedade.

* O casamento é tradicionalmente uma grande festa, com a presença de grande número de familiares, amigos e conhecidos, muitas vezes acompanhados pelos filhos.

* A festa de formatura costuma ser considerada muito importante: familiares e amigos são convidados para a entrega do diploma em cerimônia solene e, muitas vezes, para o baile a seguir.

C2 Parabéns

Comunicação: desejar felicidade e sorte.

Tema: festas

– Depois de ouvir o áudio, **AL** relacionam as frases às ilustrações.

– 11: depois de ouvir a música no áudio, **AL** leem o texto e, se se animarem, podem cantá-la.

– **AL** fazem 10 em casa.

9 – Provérbios: **AL** fazem em classe, em pequenos grupos.

Sequência proposta: D1, D2, 12, 13

D1 A imigração japonesa no Brasil

– Procedimento padrão de Textos de leitura.

* A imigração teve grande influência no desenvolvimento do Brasil. Desde o início do século passado, grande número de europeus, japoneses e árabes veio à procura de uma nova vida, atraído pelas promessas (nem sempre

cumpridas) de poder possuir terras próprias muito férteis, ou em fuga por causa das condições adversas em seu país de origem. A região Sul concentrou sobretudo alemães e italianos em grande número, os japoneses se fixaram em São Paulo e no Paraná e os portugueses no Sul, Sudeste e na Amazônia. Há ainda grandes grupos árabes e judeus, especialmente em São Paulo e no Sul do Brasil.

D2 Entrevista com Dona Yoshiko Ishihara, 89 anos

– Procedimento padrão de Texto de audição.

(Texto página 142)

12– **AL** fazem como tarefa de casa.

13 – **AL** fazem como tarefa de casa.

E

Sequência proposta: E1, E2, 14 + 15

E1 Vida em família

– **AL** competem entre si.

E2 Parentesco

– **AL** trabalham individualmente

14 + 15 – **AL** fazem como tarefa de casa.

Lição 5 - Turismo e ecologia

Elementos do tema da lição 5

Comunicativos – O turismo e os turistas, a natureza, a poluição e a ecologia são tema da lição 5.

Comunicativamente, os/as **AL** aprendem a expressar gostos e preferências, certezas, dúvidas, possibilidades, esperança e necessidade, a relatar experiências e a aconselhar.

Gramaticais – A gramática da lição apresenta o perfeito composto do indicativo, advérbios, pronomes indefinidos e a dupla negação.

Sequência proposta: Página inicial, A1 + 1, A2 + 2, A3, A4 + 3

O que vamos aprender?

– Utilizando as fotos no alto da página, introduz-se o tema perguntando aos/às **AL** que sentimentos ou lembranças relacionam às imagens.

– **AL** fazem exercício 1 individualmente.

– **AL** leem o texto e fazem o exercício 2 individualmente.

A1 Atividades nas férias

Comunicação: expressar preferências

Tema: férias

– **AL** classificam individualmente as atividades em praia, montanha e cidade.

– **AL** comparam e discutem os resultados.

– **AL** fazem 1 em casa.

A2 Preciso de umas férias

Comunicação: expressar possibilidade, dúvida

Tema: turismo

Gramática: perfeito composto do indicativo, pronomes indefinidos, dupla negação

– Procedimento padrão de Diálogos.

– **AL** fazem o exercício 3 em grupos.

– **AL** fazem 2 em casa.

A3 Eu acho que ele é capaz de levar comida de casa

Comunicação: expressar possibilidades, dúvidas, certezas.

Tema: turistas

– **AL** leem os textos, tirando dúvidas com a/o **PR**.

– Individualmente, os/as **AL** tentam imaginar como seria cada um dos colegas em viagem. Em classes numerosas, pode-se trabalhar com subgrupos.

– Os resultados são comparados e discutidos.

A4 Plano de viagem ao Brasil

Comunicação: expressar preferências

Tema: turismo

  * Peça aos **AL** para trazerem folhetos turísticos ou para procurarem informações na *internet* para esta aula.

– Em pequenos grupos, as/os **AL** preparam seu roteiro de viagem.

– **AL** fazem exercício 2 em duplas.

– **AL** fazem exercício 3 individualmente.

– **AL** fazem 3 em casa.

B

Sequência proposta: B1 + 4, B2 + 5, B3 + 6, B4 + 7, B5 + 8

B1 Perfeito composto do indicativo

– **PR** apresenta a forma do perfeito composto do indicativo, contrastando com a língua dos **AL** quando necessário; **AL** automatizam. É muito importante deixar claro no A2 que a ação expressa pelo Perfeito composto do indicativo (tenho visto) não é uma ação terminada (Ultimamente eu tenho trabalhado muito.). Em francês, inglês, alemão e até em espanhol essa forma expressa ação terminada. Não acontece isso no português moderno.

– **AL** fazem o exercício 2 individualmente.

– **AL** fazem o exercício 3 individualmente.

Respostas páginas 149 e 150

B2 Advérbios

– Os advérbios em -mente são introduzidos por meio de exemplos. O **PR** deve chamar a atenção para a sua formação a partir do adjetivo em sua forma feminina. (lento - lenta - lentamente)

  * O conceito de advérbio é muito variável de língua para língua. Chame especial atenção de seus alunos para a utilização correta de adjetivos e advérbios: Ele é calmo (adjetivo).Ele fala calmamente. (advérbio).

– Utilizando o exercício 1, **PR** introduz os advérbios em *–mente*

– O exercício 2 é feito com a classe toda.

– **AL** fazem 6 individualmente ou em casa.

48

B3 Outros advérbios

– A tabela é comentada pelo/a **PR**.

– **AL** fazem o exercício em duplas.

– **AL** fazem 6 em casa.

B4 Pronomes indefinidos: *alguém, algum, algo, ninguém, nenhum, nada*

– **PR** apresenta os pronomes, com as formas do feminino e plural, quando necessário.

– **AL** fazem o exercício.

– **AL** fazem 7 em casa.

B5 Dupla negação

– **PR** apresenta o fenômeno da dupla negação, contrastando-a com o que ocorre na língua dos alunos.

* Muitos alunos acham a dupla negação ilógica: lembre-lhes que em línguas não há lógica e que um brasileiro acharia muito estranha uma sentença como *Eu não conheço alguém no Rio* ou *Eu conheço ninguém no Rio*.

– **AL** fazem o exercício em duplas.

– **AL** fazem 8 em casa.

C

Sequência proposta: C1, C2, C3, 9

C1 Jacaré 2 X Polícia 0

Tema: natureza

– Procedimento padrão de Texto de leitura.

* O rio Tietê passa por São Paulo e recebe nas imediações da cidade grande carga de poluentes domésticos e industriais, não apresentando qualquer tipo de vida animal há muitos anos. No entanto, um ou vários jacarés, não se sabe exatamente quantos, foram avistados nesse rio desde 1991, mas não puderam ser capturados. Supõe-se que tenham vindo do rio Paraná, subindo pelo Tietê, ou que tenham sido soltos por pessoas que os compraram como filhotes e não tinham como mantê-los quando adultos.

C2 O oxigênio na água do rio Tietê

Comunicação: expressar necessidade

Tema: ecologia

– **AL** observam o gráfico e tentam entender os números e as unidades (km, mg etc.)

– **AL** leem as perguntas e procuram as respostas no gráfico em pequenos grupos.

* O rio Tietê não corre de São Paulo para o mar (leste), como se poderia esperar, mas para o interior do estado (noroeste), sendo um afluente do rio Paraná.

C3 Problemas ecológicos

Comunicação: expressar certeza, opinião e necessidade

Tema: ecologia

Gramática: Perfeito composto do Indicativo

Individualmente, as/os **AL** respondem à pergunta 1 e depois comparam e discutem as suas respostas.

Em pequenos grupos, discutem as soluções (exercício 2) e eventualmente acrescentam sugestões próprias, que são depois apresentadas à classe.

9 – **AL** fazem como tarefa de casa.

Sequência proposta: D1, D2, 10, 11

D1 De bem com o verde

– Procedimento padrão de Texto de leitura.

D2 O barquinho

– Procedimento padrão de Texto de audição.

(Letra da música página 143)

10 – **AL** fazem como tarefa de casa.

11– **AL** fazem como tarefa de casa.

Sequência proposta: E1, E2, E3, E4, 12

E1 Aumentativos

– As terminações dos aumentativos apresentadas pelo/a **PR**: *-ão* para substantivos masculinos, *-ona* para femininos E2. Para os diminutivos, as terminações apresentadas são *-inho* e *-zinho*.

> * Se a forma aumentativa não existir na língua dos/das **AL**, convém apresentar mais exemplos para esclarecer o seu uso.

– O exercício *Diga depressa* é feito com a classe toda.

– **AL** fazem *Adivinhe o que é*, individualmente, com a ajuda do dicionário.

E2 Diminutivos

Por meio dos exemplos à esquerda do desenho, o diminutivo é introduzido.
* Se necessário, contraste o diminutivo português com o da língua das/dos **AL**.

– 1: **AL** trabalham em duplas.

A partir dos exemplos à direita do desenho, levar os/as **AL** a perceber que o diminutivo em português tem também função intensificadora.

– 2: **AL** trabalham em duplas.

E3 Jogo de respostas

– Após olharem as regras e a pontuação, **AL** trabalham em duplas ou em pequenos grupos.

E4 Profissões

– **AL** trabalham individualmente.

12 – **AL** fazem como tarefa de casa.

Lição 6 - De norte a sul

Elementos do tema da lição 6

Comunicativos – A lição 6 apresenta como temas as regiões do Brasil, alguns estereótipos de brasileiros sobre brasileiros e tradições e influências na cultura brasileira.

Os/as **AL** aprendem, comunicativamente, a caracterizar e descrever, a comparar e a expressar simpatia ou antipatia.

Gramaticais – Gramaticalmente, conhecem alguns pronomes indefinidos e a voz passiva.

O que vamos aprender?

– Olhando as fotos do topo da página, **AL** tentam descrever as cenas. Por meio de pergunta a/o **PR** estimula a que tentem adivinhar que tipo de influência cultural mostram. Há alguma foto que consigam identificar? As fotos, na sequência, mostram uma baiana, um cangaceiro, ambos da Região Nordeste, um desfile de Santa Catarina - Região Sul, participantes em roupas típicas com influência germânica. A última foto mostra um jovem com traços alemães, tomando chimarrão - bebida típica dos gaúchos - Região Sul. Alguma cena corresponde a pessoas ou grupos em seu país?

– **AL** leem os textos e relacionam as fotos a cada um deles.

* Esta página é também uma ótima oportunidade para rever o vocabulário da Lição 3

Sequência proposta: A1, A2 + 1, A3 + 2

A1 As regiões do Brasil

Comunicação: caracterizar, descrever, comparar

Tema: regiões do Brasil

– Antes de abrir o livro, **AL** relatam as informações geográficas que tiverem sobre o Brasil.

– Após abrir o livro, olhando para o mapa, mas ainda sem explicações de vocabulário, os/as **AL** descrevem o que sabem sobre as regiões brasileiras (exercício 1).

– Os pequenos quadros descritivos sobre cada região são lidos e esclarecidos.

– Em grupos, os/as **AL** fazem o exercício 2.

– Novamente em grupos, as/os **AL** descrevem uma região em detalhes (exercício 3), utilizando o vocabulário do exercício 2.

* Al pode ser trabalhado em maior ou menor detalhe, dependendo da motivação dos/das **AL**. Lembre-se que a função primordial é a de fornecer vocabulário específico e mínimos conhecimentos sobre o Brasil.

Em classes interessadas, pode-se ampliar o trabalho, pedindo-se às/aos AL para pesquisarem na *internet* e trazerem informações mais detalhadas sobre regiões ou cidades específicas.

Já que o mapa não fornece informações de escala, é interessante ilustrar o tamanho do país com alguns exemplos: a área do Brasil é de 8.511.965 km^2, a distância aérea Manaus-Porto Alegre de 3.944 km.

– **AL** fazem 1 em casa. Esclareça o exercício, iniciando-o em sala de aula.

A2 Há muita coisa para se ver no Brasil

Procedimento padrão de Diálogos.

A3 Estereótipos

Comunicação: expressar simpatia ou antipatia

Tema: estereótipos

– Os textos contendo os estereótipos são lidos e comentados.

– **AL** fazem o exercício 1 individualmente, após ouvir o áudio.

– Após nova audição, **AL** fazem o exercício 2 individualmente.

– Após introduzir os elementos de conversação do exercício 3, **AL** discutem sobre conceitos e estereótipos em seus próprios países.

* A intenção do livro ao apresentar estereótipos brasileiros não é a de reforçá-los, mas de levar à reflexão sobre diferenças culturais e interculturais.

– **AL** fazem 2 individualmente ou em casa;

Ver o texto de audição na página 143

Sequência proposta: B1, B2 + 3, B3 + 4

B1 Voz passiva com *ser*

* A voz passiva só é introduzida para entendimento de textos. Não se espera que as/os **AL** a produzam neste nível de aprendizado da língua.

– Por meio dos exemplos, as/os **AL** conhecem a estrutura da voz passiva.

– **AL** fazem os exercícios 1 e 2 individualmente.

Respostas página 150

– **AL** fazem 3 em casa.

B2 Voz passiva com *–se*

– Por meio dos exemplos, a voz passiva com *–se* é introduzida e, se necessário, contrastada com a língua das/dos AL.

– **AL** fazem o exercício 1. individualmente.

– **AL** fazem o exercício 2. individualmente.

B3 Pronomes indefinidos

– Traduzindo as frases para a sua língua, os/as **AL** entendem o significado de todo/a, todos os/todas as.

* A posição de todo/a é fundamental na diferenciação do sentido na linguagem coloquial: quando posposto (o dia todo), tem significado de inteiro, completo.

– **AL** fazem os exercícios b e c individualmente.

– **PR** introduz o significado de cada com a ajuda do exemplo no livro.

> * É muito difícil distinguir *cada* de *todos os/todas as* em alguns casos, pois quase sempre *cada* pode ser substituído por *todos os/todas as*, mas não vice-versa. Defina *cada* como se referindo a um por um dos elementos, *todos os/todas as* à totalidade deles.

– **AL** fazem o exercício.

Respostas página 150

– **AL** fazem 4 e 5 em casa.

Sequência proposta: C1, C2, 6

C1 Influências na cultura brasileira

Tema: influências na cultura brasileira

– **AL** relatam seus conhecimentos sobre influências na cultura brasileira, ainda com o livro fechado.

– Sem explicações do professor, **AL** relacionam as palavras com as fotos relativas às influências africana e indígena no livro.

– Os resultados são comparados e completados.

– **AL** conversam sobre as fotos e, eventualmente, sobre influências em suas próprias culturas.

C2 Culinária

Comunicação: expressar agrado

Tema: influência africana e indígena na culinária brasileira

– **AL** falam sobre seus conhecimentos da cozinha brasileira, ainda sem olhar o texto.

– **AL** leem o texto uma vez, consultando o glossário e os desenhos abaixo do texto.

– Em grupos, **AL** respondem o exercício 1.

– **PR** corrige o exercício e comenta o vocabulário do texto.

– **AL** fazem o exercício 2 em duplas, como entrevista, com resultados apresentados à classe.

– O exercício 3 é feito com a classe toda.

   * C2 é uma ótima oportunidade para uma "aula prática": talvez a sua classe se anime e resolva preparar um jantar brasileiro, com todos cozinhando alguma coisa!

6 – **AL** fazem como tarefa de casa.

D

Sequência proposta: D1, D2, 7, 8

D1 Bumba meu boi

– Procedimento padrão de Texto de leitura.

D2 Em algum lugar do Brasil

– Procedimento padrão de Texto de audição.

   (ver o texto de audição na página 143)

7 – **AL** fazem como tarefa de casa.

8 – **AL** fazem como tarefa de casa.

Sequência proposta: E, 9

E Pacotes, potes e saquinhos

– **AL** leem e relacionam as palavras aos desenhos.

– **AL** fazem o exercício 2 individualmente.

– Em duplas, **AL** fazem o exercício 3.

– **AL** fazem o exercício 4 individualmente.

9 – **AL** fazem como tarefa de casa.

Revisão

A revisão tem como meta permitir aos **AL** relembrarem os assuntos comunicativos, temáticos e gramaticais vistos no livro. Os exercícios no livro-texto e na parte de Exercícios propõem que isto seja feito de forma lúdica.

Se surgirem dificuldades em certos momentos, é sinal que seria bom retornar à lição em que o ponto foi introduzido.

Sequência proposta: R1 – R7, Revisão R1 – R5

R1 Pessoas

– Com a classe toda, rever vocabulário para descrever as fotos: peça que os **AL** só mencionem os substantivos que veem nas fotos (p. ex. óculos, cabelo, olho, etc.)

– Com a classe toda, exercício 1.

– 2 em pares.

Respostas na pág. 151

R2 Na porta do banheiro

– **AL** leem a descrição, **PR** esclarece dúvidas.

– Cada **AL** escolhe qual dos Prados quer ser e tem 2 minutos para preparar seus argumentos.

–– Posicione os **AL** perto da porta da sala de aula e inicie a discussão!

> * Posicionar os alunos, de pé, perto da porta, torna esta atividade muito dinâmica. Não permita que seus **AL** permaneçam sentados!

Respostas na pág. 151

R3 Secretária eletrônica

– Procedimento padrão para Texto de leitura.

Respostas na pág. 151

R4 Qual é o intruso?

– **AL** trabalham em pares.

Respostas na pág. 151

R5 Jogo da velha

– **AL** trabalham em pares.

Respostas na pág. 151

R6 Pingue-pongue

– **AL** trabalham em dois grupos.

> * Alternativamente, o **PR** pode pedir aos alunos que preparem as 10 perguntas como tarefa de casa, e que durante a preparação em sala sejam escolhidas 1 ou 2 perguntas de cada um.

R7 Festa brasileira

– Reveja rapidamente as frases apresentadas, depois converse com a classe toda.

* Talvez os **AL** se animem a comemorar o final do livro com uma festa brasileira real. Asim a discussão ficará muito mais envolvente!

Revisão Livro de Exercícios

R1 Jogo: Vamos preservar o Mico-leão dourado

– Como tarefa ou como jogo na classe.

Respostas na pág. 154

R2 Descreva as pessoas

– Como tarefa ou na classe, em forma de jogo:

– **AL** escolhem uma das pessoas e preparam anotações sobre corpo, roupa e temperamento.

– **AL** apresentam sua descrição, sem nome, e a classe adivinha de quem estão falando.

Respostas na pág. 154

R3 Campos de palavras

– Como tarefa.

Respostas na pág. 154

R4 Encontre o estranho

– Como tarefa.

Respostas na pág. 154

R5 Tudo de bom!

– Como tarefa ou em classe:

– **AL** em duplas competem com as outras duplas para achar o texto completo. Ganha a dupla mais rápida!

Respostas na pág. 154